WWW.VOLLBARTBABY.DE

1. AUFLAGE FEBRUAR 2012

ISBN: 978-3-942920-12-4

VORWORT

"GLEICH VORWEG: EIN VORWORT FÜR DEIN ERSTES BUCH WERDE ICH NICHT SCHREIBEN."

-JOSCHA SAUER-

RICHTIGES,
GRAVEYARD-SHIFT-HAFTES,
POMPÖS-PORNÖS-MÄSSIGES

VORWORT DES TODES LIKE HELL MAL NEUN!

ein Küken im Suppendampf

EIN WEISER MANN SAGTE VOR LANGER ZEIT EINMAL ZU SEINEM SCHÜLER: "DER WERT VON ECHT GUTEM SPECK MISST SICH NICHT AN DER DAUER SEINER REIFUNG ODER AN DEN IN IHM ENTHALTENEN KALORIEN. NEIN, VIELMEHR ZEICHNET SICH WIRKLICH GUTER SPECK DURCH EHRE, AUFRICHTIGKEIT UND TREUE ZUM VATERLAND AUS."
DIESES ZITAT AN DEN ANFANG DIESES BUCHS ZU SETZEN, MACHT NICHT VIEL SINN, ODER? JA, ES MACHT WIRKLICH NICHT VIEL

SINN, ABER WER KÜMMERT SICH SCHON UM
SOWAS WIE SINN ODER ~~UNFASSBAR NACKTE
FAMILIEN~~?

WOHL NUR DIEJENIGEN, DIE EINEN SINN SUCHEN
UND/ODER BRAUCHEN.

WER ECHT GUTEN SPECK KENNT UND SCHON
EINSCHLÄGIGE ERGEBNISSE MIT ECHT GUTEM SPECK
HATTE, DER ERKENNT SELBST IN DEM OBEN
GENANNTEN ZITAT EINE FÜR SICH EVIDENTE
WAHRHEIT.

ABER WAS IST, WENN MAN GARKEINEN AN-
SPRUCH AUF SINN HAT ODER DEM GANZEN
GARKEINER IN DIE WIEGE GELEGT WURDE?

EINE ANTWORT AUF DIESE FRAGE KANN ICH
LEIDER NICHT LIEFERN, DIE HÄTTE EIGENTLICH
IM VORWORT VON JOSCHA SAUER STEHEN SOLLEN.

LETZTEN ENDES IST ES ABER AUCH DIE FRAGE
NACH DER NOTWENDIGKEIT VON SOWAS WIE
OBJEKTIVEM IN DIESEM SCHMÖKERWERK, DIE
SICH ~~NIEMANDEM~~ STELLT.

DAZU KANN MAN SICHER AUF VIELE

ARTEN UND WEISEN STELLUNG BE-
ZIEHEN.
ICH FÜR MEINEN TEIL FINDE HIER IN VIELEN BUNTEN BILDCHEN EINEN GANZEN KOSMOS AN IDEEN, EMOTIONEN, KREATIVITÄT, NACHDENKLICHKEIT, SINN- ODER SINNLOSIGKEITEN, RAREN IMPRESSIONEN UND NATÜRLICH SPAß MIT ZWETSCHGEN.

Christian Herrmann

DIE FREIE FLÄCHE, DIE HIER WAR, BEVOR ICH SIE VOLLGESCHRIEBEN HABE, WIDME ICH VOLL WEIHE-HAFTIGKEIT DIR, OH DU FREMDER FREUND, DER DU MIT MEINEM BUCH INTERAGIERST.

MÖGEN ALLE DINGENS GLÜCKLICH SEIN!

SIMON

FÜR
OMA + OPA
DANKE

SO GEFIEDERTE WIEDERLINGE! AUF DIESER FLIEGENDEN NATTER REGIEREN WIR MIT HARTER HAND
ICH HAB EIN MONOKEL AUF

rasch!
rasch!
tanzt
der Fred,
tanzt
tanzi
tanzi
Möbel
weg!

weil er
eine grau-
sige Laune der Natur
war, zögerte er merklich,
seinem besten Freund
Glas-Gabi die Rohfassung
seiner Designerbrause
zu zeigen.

Mexikanische Würmer essen ihre Pizzis immer mit Broccoli, Zwiebeln und einer im Käse treibenden, emotionalen Wurst.
Sie war so ahnungslos!!

Endlich! Krumen streuen
im grossen Stil! Ohne Flachs!
Stolz wie sonstwas war
der Tüftler!

SAG, DIMITRI, WERDEN WIR AUF DIESEM APFELSCHNITZ SIEDELN KÖNNEN?
KACKE. MEIN RUCK-SACK...
WIE SEHR ICH IHN HASSE...

JESUS!?
DU BIST MIR GEFOLGT!?
HIHI, JA

Darmstadt: unmittelbar nach dem Akt körperlicher Gestaltung geiselte der ungestüme Tättowierer die Kundin an den Stumpf.

erst wollten sie
die Uhrzeit, dann
die Weizenkost in
seinem Koffer, so
wusste P. Hofert.

ZIMT UND ZUNDER!
GABI WURDE VERRÜCKT IM WÄSCHEBERG

auf Zaunbrettern rodeln ist eine Gaudi

aber wenn die stibitzt sind, ist das FRECH & BÖSE!

wer den
Schellenkranz
Schleckst,
hat
Rubel!

die jodelnden warzen
machten ihren. Öhi
stets glücklich.

BRAUCHST DU EIN APHRODISIAKUM, AFRO-DIAKON?
ES GEHT SCHON ASKET-JOHN

ER HATTE SEINE SEELE
AN FACEBOOK VERKAUFT
UND KONNTE DAHER DEN
HEILBUTT OHNE SCHLECHTES
GEWISSEN ESSEN, ABER
AUF DER ANDEREN
SEITE WAR ER AUCH
SEINE HAND, DER HEILBUTT.

Und ich sah ein Tier
aus dem Meer steigen,
das hatte zehn Hörner
und sieben Häupter
und auf seinen Hörnern
zehn Kronen und die
Häupter machten Uff!

UFF!
UFF!
UFF!

es gibt Tage, da will man nicht schnippeln.

INUITS DENKEN AN GLÜHWEIN
DAS PASSIERT INUITIV
GÄ?

Napoleon musste nur noch warten, bis sein Songwriter-Trio ihm die Lyrics zukommen ließ, dann war er bereit mit "Napoleongeräusch" die Charts zu stürmen.

E.T. WILL IM WALD
SURFEN.
DER TROTTEL

WIR SIND LACHSRÖLLCHEN.

JA. MIT KULINARISCHER BEREICHERUNGS-HAFTICKEIT.

UND DILL DU SPASTI!

Spaß mit
Schnipseln.

DER FAUSTKEIL IST SCHÖN, JA... ABER ICH KANN DEN, ÄH NICHT ÄH... AKZEPTIEREN, ICH, ÄH...

GOTT BIN ICH MÜDE

DIE KRUX DER KASSIERER

TROTZ DENKER-KAPPE
GELANG ES DEM SCHLAUEN
AFFENARTZT NICHT, DIE
SIAMESISCHEN ZWILLINGE
ZU TRENNEN.

EXCUSE ME WHILE I LIGHT MY Rötelstift

Lüchse im Wald

DASS ER NICHT MEHR FROR, WAR DIE WUCHT, ABER ER HADERTE ARG LANG MIT SICH, OB ES OK WAR, DAFÜR EINEN BAUM ZU ENTRINDEN.

IGEL BESCHWICHTIGEN

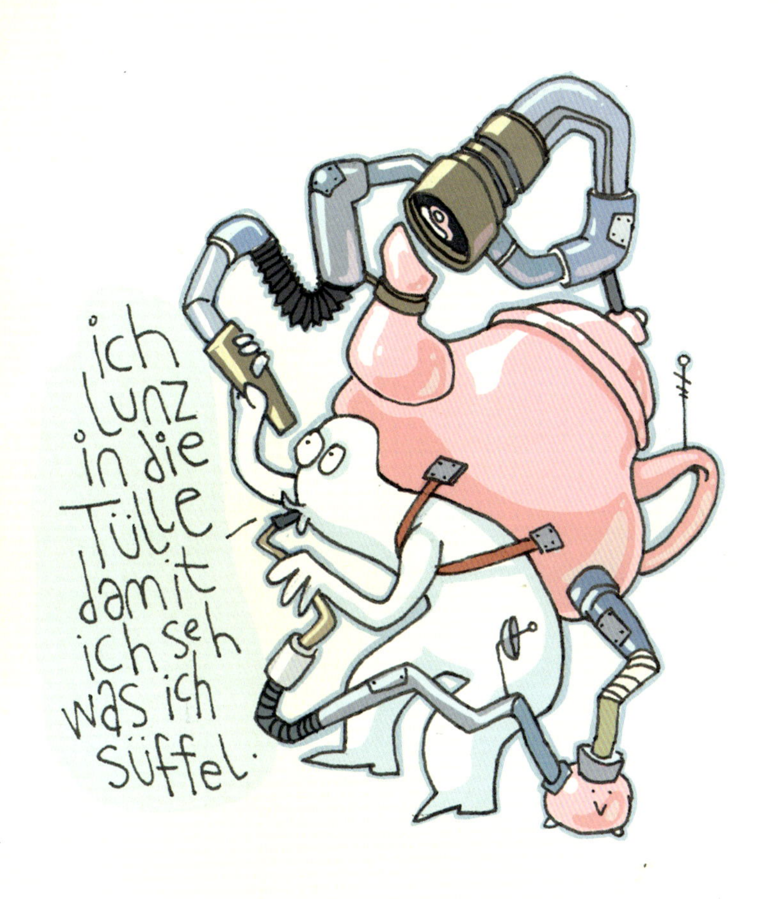
ich lunz in die Tülle damit ich seh was ich süffel.

ZWEI MUSIKANTEN HABEN EIN SCHIGGY GESTOHLEN, DOCH STATT ZU GREINEN, GROOVT ES MIT!

voll kindisch!
ja mann!
niemand wird so etwas ernst nehmen!

WENN ER
NACH UNTEN SAH,
BEMERKTE ER
IMMER, WIE LANG
SEINE NASENHAARE
WAREN.
DAFÜR **HASSTE**
ER DEN GLÜCKLICHEN
FLUMMIBALL.

ENDER HAT LSD
AUF DASS ES INS GRUNDWASSER GELANGEN MÖGE!

WAS IST DAS FÜR
N GARSTIGER SCHEIN,
R MICH TAUMELND
ACHT? SIEH NICHT
HIN, SLATTKO!
ICH WENDE DEM LICHT DIE AUGEN ZU, DENN ES IST BEILEIBE POMPÖS!

ER WURDE NICHT GLEICH PANISCH
ALS DER DUSCHVORHANG RUNTERFIEL.
DAS LEBEN HATTE IHN ABGEBRÜHT.

PREISET UND LOBET DEM HEILAND SEIN STYLE!

WEIL DIE SAUBLÖD WAREN
TRAFEN SIE SICH NIE.

DER
WEIHNACHTSMANN
SCHLÄFT BESOFFEN IN LUZERN

das Internet wurde nie erfunden, also vermissten sie es auch nicht und saugten sich einfach am Stamm fest.

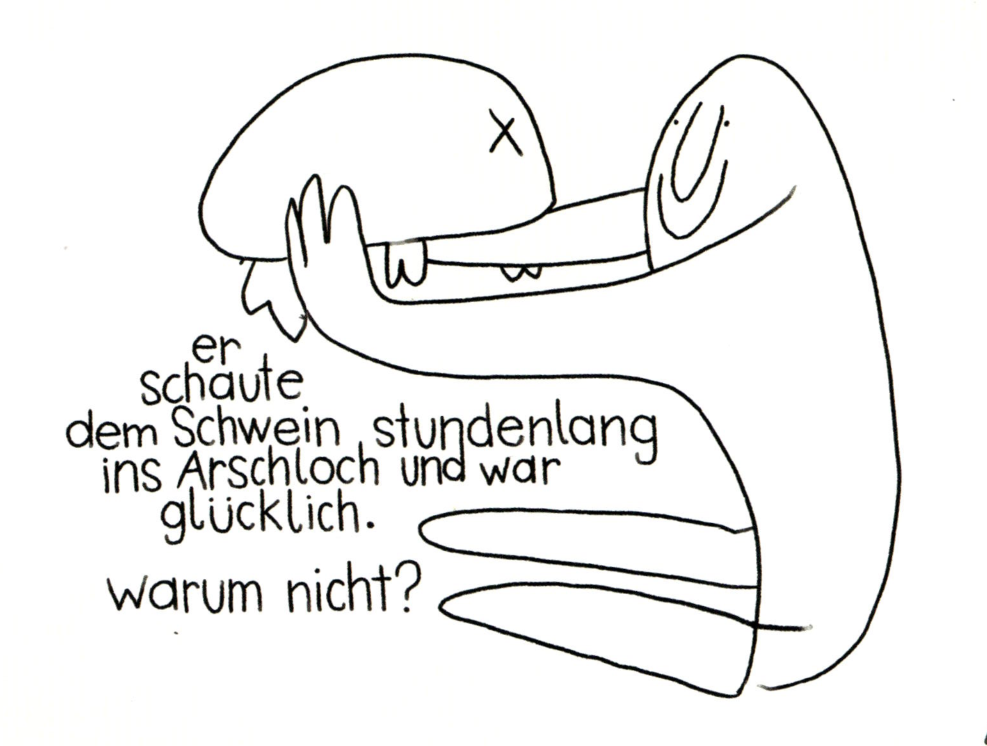
er
schaute
dem Schwein stundenlang
ins Arschloch und war
glücklich.
warum nicht?

HEY!
FICK DICH DOCH!

DIE OLIVE WIEGT
GEHALTVOLL UND
SCHWER.

ICH GLAUBE DER EINMALIGE KONSUM VON DROGEN WIE Z.B. HASCHISCH, HEROIN ODER KOKAIN HAT — MICH ZU EINEM WILDEN KERL GEMACHT!

huch!

heissa!

"huch" und "heissa!" rief er als der Fön anging.

DAS LAMPION MAG SICH
FREUEN, VERDAMMICH!
MIR GRAUST, WENN ICH
BARFUß ÜBER UNKEN
SCHREITE!

EINEN MOMENT LANG
VERGAß ER ALL SEINEN
LIEBESKUMMER, WEIL
ER ZIEMLICH DRINGEND
SCHEISSEN MUSSTE.

EVERYTHING COULD HAPPEN IN THE NEXT HALF HOUR!

WOLLT IHR DEN TOTAL GEILEN KÜRBIS? ER IST SEHR GLÜCKLICH UND WIRKLICH HIER IM RAUM, EHRLICH.

SCHATTENHAFT
HAFTET DAS
SCHAF AM SCHAFT

wen kraule ich da wohl am Sack, hmm?

na mich, Mausi!

er war dumm und hatte Hände und einen Schnorres und gierte nach einem grösseren Schnorres. Er war ein schlechter Fisch.

Ninjas mopsen mädchen-möpse

WÜRDEST DU AUCH DEN KAFFEE AUF DEN BODEN STREUEN, STATT IHN ZU TRINKEN, WÄRST DU VIELLEICHT NICHT IMMER SO AUFGEDREHT.
HM. HM.

HEUT NACHT HATTE ICH EINEN SEXTRAUM. UND ALS ICH AUFGEWACHT BIN, DACHTE ICH

UI, ICH HATTE EINEN SEXTRAUM

an Omas festgesaugte
Schnorrer kündeten in
aller Welt vom nahenden
Festivalsommer

als er die Bestellung
überprüfte, merkte
er, dass er eine
der Burgfräuleins
vergessen hatte.
Wahrscheinlich
im
Heizungs-
keller.

HÜ
HOTT!

TROTZ DER BESCHÄMENDEN IDEENLOSIGKEIT SEINER MITARBEITER WUSSTE DER BOSS NICHT RECHT, OB ER DAS DESIGN FÜR DIE MÜSLIPACKUNG WIRKLICH DER PUTZE USCHI ÜBERLASSEN KONNTE. SIE HATTE ZWAR ALS EINZIGSTE STABILOS DABEI, BEFAND SICH ABER – WIE JEDER WUSSTE – IN DER MIDLIFE-CRYSIS

frisch gemolken
jetzt wird geschafft!

INDER DÜRFEN NICHT NACH DEUTSCHLAND EINREISEN, WEIL DIE SEHEN DANN DIE GUTEN HYGIENISCHEN UMSTÄNDE UND WOLLN NET MER WEG.

ZWEI FINGER IM ARSCHLOCH UND EINEN AM
•SACK •SCHORSCH
•ENTENBROT •PIE MATZ
•ZEBRASTREIFE
SO LANGE DER MÜCKENMANN GRÜBELTE, VERHARRTE DIE CREW

das Leben ist
schön, aber Auf-
stehen ist dumm.

gut habe ich sie
geschnitzt, diese
Industrie und Lack-
und Pulverwaage.
Jetzt schneuze
ich die Späne
fort und wiege
meine Unschuld.

IM KNAST HATTE ICH EISBECHERTRÄUME, DIE NICHT SO AUSSAHEN WIE DAS HIER:

HEY PUPSMUCK, ALLES PALETTI?
NOCH BEIM UNTERGANG FRECH WIE OSKAR, DIE INKAS.

BABYS SIND KEINE CINEASTEN. SIE HABEN DEN HANG ZUM LÄRMEN.

Sie sind schön und
geheimnisvoll, diese
Katzen aus der Welt der
Fantasie.

VOR SICH SELBST KANN MAN NET FLÜCHTEN
NICHTMAL AN LIANEN

KEIN SCHERZ!
SIE WERDEN JETZT IN EINEN AFFEN VERWANDELT!

Hey, Sportsfreunde! die spanischen Spatzen aus der Aschewolke wollen dass wir Darmkeime kriegen und koten bis wir krepieren! Sucht Schutz in meinem Verschlag, wenn ihr Bock habt!

EINER EILTE.
FLOTTE LATTEN FOLGTEN.

AUF DEM TAU-UNDLASER-AUFZUG SIND DIE BRÖSEL DES SAUSDINOS VOR DEN SCHWANGEREN SICHER.

Ihr denkt ich
hätte keinen Saft mehr?
Ich verlasse den Kerker
eurer Vermutungen!

MANCHMAL SIND DIE
STERNE NUR MÜCKEN
IM LATERNENSCHEIN

der Grabstein wurde der Katze Charlie einfach nicht gerecht und das ist viel eher tragisch als zum freckt lachen.

AUTOTEILE UND KABEL IM KOMPOST? NICHT MIT MOE!

ob ES MIR GELINGt – in diese JaSCHE zu Koten?
ganz bestimmt!
IGEL SPENDEN ZUVERSICHT.

TSCHAUSEN,
UND DANKESCHÖN
VIEL GLÜCK

HMMM...
?
GOTT